Max Kruse / Monika Laimgruber
Von Sonne und Erde, Wasser und Luft

Kleine Geschichten von großen Dingen und brauchbaren Sachen

Gerstenberg Verlag

Dies ist eine Zusammenfassung der Titel
„Warum . . ." und „Woher, woraus, womit?"

CIP-Kurztitelaufnahme der Deutschen Bibliothek

Kruse, Max:
Von Sonne und Erde, Wasser und Luft / Max Kruse;
Monika Laimgruber. – 1. Auflage. –
Hildesheim: Gerstenberg Verlag, 1985
ISBN 3-8067-4032-1

NE: Laimgruber, Monika:

Alle Rechte vorbehalten
1. Auflage 1985 Gerstenberg Verlag, Hildesheim
Lizenzausgabe mit freundlicher Genehmigung des Deutschen
Taschenbuch Verlages, München
Copyright © 1980 und 1983 Deutscher Taschenbuch Verlag, München
Gesamtherstellung: Welsermühl, Wels/Österreich
ISBN 3-8067-4032-1

Der Anfang

Es war einmal ein Kind. Das war sehr klein.
Man nannte es deshalb einfach Knirps.
Der Knirps lebte in einem großen Haus.
Alles um ihn herum war groß und fremd.
Alle Dinge waren vor dem Knirps auf der Welt.
Der Knirps wollte die Dinge kennenlernen.

Von der Sonne

„Hallo Sonne", sagte der Knirps. Die Sonne stand hell und rund am Himmel. Sie war so hell, daß sie ihn blendete. Der Knirps kniff die Augen zusammen und hielt die Hand darüber.
„Sonne, warum bist Du so hell?" fragte der Knirps.

„Wenn ich nicht leuchten würde, könntest
du ja nichts sehen", antwortete die Sonne.
„Und warum strahlst Du so heiß?"
„Wenn ich nicht so warm wäre, würden die
Bäume und Blumen nicht wachsen:
Übrigens bin ich ja nicht immer so heiß."
„Nein, im Winter nicht", sagte der Knirps.
„Dann liegt Schnee, und ich kann Schlitten
fahren. Das ist auch fein. Aber dann friere

ich und kriege eine rote Nase. Warum wärmst du die Erde im Winter nicht richtig?"

„Ich schicke im Winter genausoviel Wärme wie im Sommer. Aber die Erde wendet sich ein bißchen von mir ab – und zwar gerade dort, wo du lebst. Woanders ist es dafür um so heißer."

„Wirklich?" fragte der Knirps.
„Komisch, daß die Erde das macht. Und sogar jedes Jahr von neuem."
„Ja", sagte die Sonne, „gerade dadurch kannst du aber auch schön merken, daß ein neues Jahr beginnt."
„Wenn die Tage wieder länger werden", sagte der Knirps.

Von der Laterne

Die Laterne stand an der Straßenecke. Wenn die Sonne untergegangen war und es dunkel wurde, leuchtete die Laterne.
„Bist du vielleicht auch eine Sonne?" fragte der Knirps.
„Das bin ich nicht", antwortete die Laterne. „Ich bin ja nicht heiß. Ich gehe nicht auf und ich gehe nicht unter. Ich stehe immer am gleichen Fleck."
„Ja", sagte der Knirps. „Und du gehst an und du gehst aus."
„Ich leuchte immer nur in der Nacht", sagte die Laterne. „Dann kannst du in meinem Licht spazierengehen. Von einer Laterne zur anderen. Die Sonne war schon lange da, bevor es Menschen gab. Mich aber haben die Menschen gemacht."
„Schön von den Menschen".

Vom Mond

Der Knirps stand am Fenster und schaute hinaus. Es war Nacht. Der Mond leuchtete rund und voll am Himmel.
„Du bist wohl die Nacht-Sonne?" fragte der Knirps.

Da lachte der Mond. „Du Knirps", sagte er, „wenn ich eine Sonne wäre, dann gäbe es ja keine Nacht."
„Aber du bist doch so rund und auch fast so hell wie die Sonne."
„Ja, rund bin ich auch. Aber viel, viel kleiner. Dafür bin ich dir viel näher. Ich leuchte nicht selbst. Ich leuchte, weil die Sonne mich anstrahlt. Dort, wo ich hell bin, ist auf mir Tag. Meist siehst du nur einen kleinen Teil von mir. Mal ein Stück meiner linken Seite, mal ein Stück meiner rechten Seite. Dann sagt man, der Mond nimmt ab,

oder der Mond nimmt zu. Und das kommt, weil der Schatten der Erde über mich dahinwandert. Hast du das verstanden?"
„Nein", sagte der Knirps. „Aber das macht nichts. Ich freue mich, wenn du scheinst. Ob du nun zunimmst oder abnimmst. Am meisten freue ich mich, wenn du rund und voll bist. Und noch etwas . . ."
„Na?" fragte der Mond.
„Ich nehme niemals ab, ich nehme immer zu. Ich muß nämlich noch wachsen."
„Ich nicht", sagte der Mond.

Von der Lampe

Der Knirps ging ins Bett. Die Lampe stand daneben. Der Knirps mochte es, wenn sie brannte. Dann fühlte er sich wohl.
„Erzähl mir was", bat der Knirps.
Die Lampe summte leise: „Ich bin nur für dich da. Du kannst mich anknipsen. Dann wird es hell im Zimmer. Dann kannst du Bilder ansehen. Du kannst spielen. Und du kannst Geschichten lesen. Aber das Schöne ist, daß du mich auch ausknipsen kannst."
„Aber dann ist es doch dunkel", sagte der Knirps.
„Und das ist gut so", sang die Lampe.
„Dann machst du die Augen zu und

schläfst. Dann träumst du. Du weißt ja, daß ich immer hier bin."

„Fein", sagte der Knirps. „Das will ich ausprobieren." Er knipste die Lampe aus. Und schon schlief er ein.

Vom Regen

Als der Knirps aufwachte, regnete es. Der Knirps ging trotzdem hinaus. Da wurde er pudelnaß.
„Pfui Teufel", rief er, „diese Nässe ist ja abscheulich! Es soll nicht mehr regnen."
„Gott sei Dank regnet es!" riefen die

Blumen. „Endlich bekommen wir etwas zu trinken."

„Einfach herrlich", sagte der Baum. „Ich war schon fast verdorrt. Meine Blätter waren ganz verstaubt. Jetzt kann ich wieder atmen und wachsen. Ich will doch in diesem Jahr noch einige Äste ansetzen!"

Und das Gras sagte: „Jetzt werde ich grün und saftig."

Da hörte es zu regnen auf.

„Nein, nein", rief der Knirps zu den Wolken empor. „Nicht aufhören!"

Von der Pfütze

Nun hopste der Knirps mit den Füßen in eine Pfütze.
„Na", sagte er, „das spritzt ja toll!"
„Nimm nur deine Füße aus mir heraus", sagte die Pfütze. „Deine Füße haben nichts in mir zu suchen."
„In deiner Brühe hat doch überhaupt niemand was zu suchen", sagte der Knirps.
„Hast du eine Ahnung", sagte die Pfütze. „In mir leben so kleine Tierchen, daß du sie nicht mit bloßem Auge sehen kannst. Und niemand könnte sie zählen, so viele sind es."
„So furchtbar viele? Mehr als zwei oder drei?" fragte der Knirps erstaunt. „Und die leben alle in dir?"
„Sie wimmeln nur so in mir herum", sagte die Pfütze.
„Das ist ja toll", sagte der Knirps.

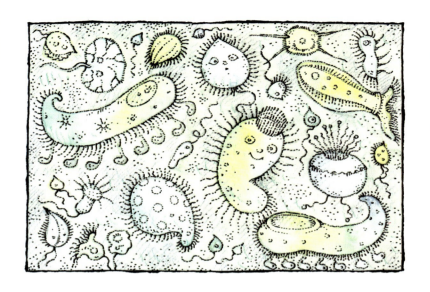

„Siehst du, nun nimmst du deine Füße schnell aus mir raus."
„Na klar", sagte der Knirps. „Wer steht schon gern in so vielen unsichtbaren Tierchen. Die kitzeln mir ja die Fußsohlen. Wie heißen die kleinen Tiere überhaupt?"
„Zum Beispiel: Pantoffeltierchen", sagte die Pfütze.
Da mußte der Knirps laut lachen.

Vom See

Der Knirps ging zu einem See.
„Wo kommst du her?" fragte er.
„Aus den Wolken", sagte der See.
„Unendlich viele kleine Tropfen sind
herabgeregnet. Sie haben sich in der Erde
gesammelt. Einige sind zu Quellen
geworden – und zu Bächen – und die Berge
hinabgeflossen. Sie haben sich zu Flüssen

vereinigt. In mir ruhen sie sich nun aus."
„Und was machen sie dann?"
„Irgendwann steigen sie wieder in den Himmel hinauf. Das macht die Wärme der Sonne. Dort oben werden sie zu Wolken – na, du weißt schon, dann regnen sie wieder hinab."
„Ich sehe aber nicht, daß die Tropfen aufsteigen", sagte der Knirps.
„Nein", antwortete der See. „Viele Dinge kannst du nicht sehen, aber es gibt sie doch."
„Wirklich?" fragte der Knirps. „Darüber muß ich nachdenken."
„Daß du denkst, kann auch niemand sehen", sagte der See.
„Komisch", sagte der Knirps, „aber ich weiß es trotzdem."

Vom Fluß

Jetzt ging der Knirps an den Fluß. Der Fluß war breit und floß langsam durch die Wiese. Der Knirps setzte sich an sein Ufer.
„Fluß, du kommst aus dem Gebirge", sagte er. „Das weiß ich nun schon. Aber wo fließt du hin?"
„Immer abwärts", antwortete der Fluß.
„Aber wo kommst du zuletzt hin?"
„Zuletzt ins Meer."
„Erzähl mir von deinem Weg."

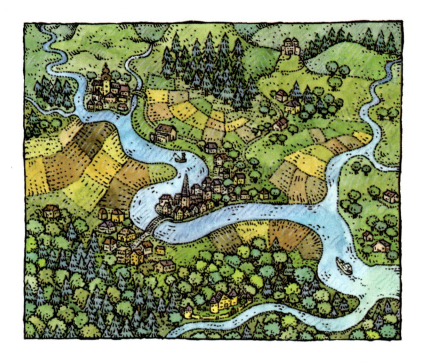

„Zuerst war ich sehr klein. Ich sauste die Abhänge der Berge hinunter. Dann gurgelte ich durch kleine Dörfer. Ich wuchs und wuchs. Ich schlängelte mich durch Felder und Wälder, durch Äcker und Städte. Ich trieb Mühlen an und trug Schiffe. Man baute Häfen an meinen Ufern. Und später

werde ich ins Meer münden."
„Du mündest ins Meer? Was ist das?"
„Ich fließe hinein. Dort endet mein Weg. Ich vereinige mich im Meer mit den Wassern aus tausend anderen Strömen der Erde."
„Kann ich das sehen?" fragte der Knirps.
„Nicht direkt", sagte der Fluß. „Aber du kannst das Meer sehen."

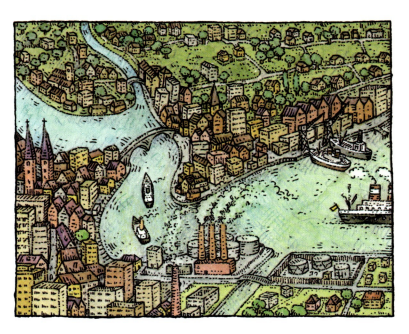

Vom Meer

Und der Knirps kam ans Meer. So weit er sehen konnte, war da nur Wasser.
"Du bist wirklich unglaublich groß", sagte der Knirps. Er fühlte sich selbst sehr klein.
"Ja, du Knirps", sagte das Meer. "Ich bin sogar noch viel, viel größer, als du sehen kannst. Ich reiche um die ganze Erde herum."
"Das ist fabelhaft", meinte der Knirps. "Mir gefällt es auch, daß die Schiffe auf dir schwimmen."
"Das ist noch lange nicht alles", sagte das Meer. "Auf mir treiben auch Eisberge. Natürlich nur dort, wo es sehr kalt ist. Oder ich bekomme eine dicke Eisschicht. Da sausen die Eskimos mit Hundeschlitten, sie lassen die Peitsche knallen, und die Hunde rennen. Und in den warmen Ländern

wachsen Palmen an meinem Strand. Dort ist das Wasser ganz warm."
„Wirklich?" fragte der Knirps. „Und bist du sehr tief? Gibt es etwas in dir, was ich nicht sehen kann?"

„Allerdings! Auf meinem Grund stehen Berge", antwortete das Meer. „Überall wachsen Pflanzen, so farbig und seltsam, wie du sie noch nie gesehen hast. Und Fische schwimmen unter meiner Oberfläche. Viele sind bunt. Viele sind winzig. Und wieder andere sind so groß wie Häuser. Es gibt Seepferdchen. Es gibt Seesterne. Es gibt Muscheln und Fische mit Schleiern. Es gibt auch Wassertiere mit vielen Armen."

„Das möchte ich sehen", sagte der Knirps.

„Wenn du groß bist, kannst du Taucher werden", antwortete das Meer.

Vom Acker

Später saß der Knirps an einem Acker. Die Furchen dampften.
„Nichts als Dreck!" sagte der Knirps.
„Oder willst du vielleicht behaupten, daß du voller bunter Fische bist?"
„Das gerade nicht", antwortete der Acker. „Aber in mir leben andere ganz winzige Tiere, dazu Würmer und Maulwürfe. Vor

allem behüte ich Tausende und aber Tausende von Samen. Sie schlafen in mir. Einige nur ganz kurz. Manche einen ganzen Winter lang. Wenn es regnet, sauge ich die Nässe auf. Dann beginnen sich die Samen zu regen. Sie treiben winzige Keime. Sie treiben Wurzeln tief in die Erde. Sie wachsen. Sie werden grün. Sie treiben Blätter. Sie werden groß und tragen Früchte."

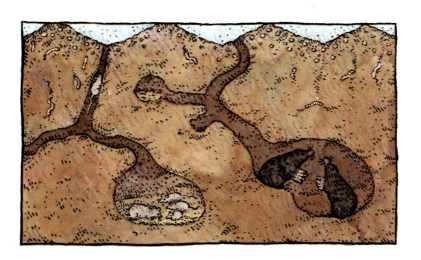

„Die kann ich essen", sagte der Knirps.
„Ja", sagte der Acker. „Ist das alles nichts?"
„Oh doch", sagte der Knirps. „Man muß es nur wissen."

Von der Luft

„Nun bin ich schon den ganzen Tag an der Luft", sagte der Knirps. Ich habe den See, den Fluß, das Meer und Bäume gesehen. Nur die Luft konnte ich nirgends entdecken."
„Na, dann halte dir mal den Mund und die Nase zu", sagte die Luft. Der Knirps tat es. Aber nicht lange. Dann schrie er: „Hilfe, ich ersticke!"
„Merkst du nun, daß es mich gibt? Du brauchst mich zum Atmen", sagte die Luft. „Und guck dich um: Wieso bewegen sich

die Äste? Warum flattern die Blätter?"
„Das macht der Wind", sagte der Knirps,
„den kann ich spüren."
„Du! Wenn ich mich bewege, bin ich der
Wind. Da ist ein Vogel, der segelt auf mir.
Dort ist eine Windmühle. Ich drehe ihre
Flügel. Ich trage die Wolken. Ich bringe den

Regen. Ich bringe den Schnee. Ich mache auch den Himmel wieder blank und blau – denn ich stehe fast nie still, ich bin meist in Bewegung."

„Ja, ja, das glaube ich dir", schrie der Knirps. „Ich fliege ja selbst fast davon."

Von der Straße

Jetzt wanderte der Knirps heimwärts.
„Ich möchte wohl wissen, wieso du da bist", sagte er zum Weg.
„Weil schon sehr viele Leute hier gelaufen sind", sagte der Weg. „Zuerst haben sie nur einen Pfad ausgetreten. Später haben sie mich ausgebaut."
„Ja, aber warum?"
„Weil die Menschen von einem Haus zum anderen gehen wollen. Von einem Dorf zum anderen Dorf. Von einer Stadt zur

anderen Stadt. Die Menschen besuchen sich. Sie bringen sich nützliche Sachen. Auf einem Weg läuft es sich leichter als über Stock und Stein. Auf einer Straße können die Räder gut rollen. Und noch etwas . . ."
„Was?"
„Seit vielen Jahrhunderten wandern die Menschen über uns Wege. Oh, ich könnte dir tausend Geschichten erzählen!"
„Und das soll wahr sein?" rief der Knirps. „Ich glaube, du gibst ganz schön an."
„Meinst du? Denk mal nach, was du heute alles erlebt hast. Jetzt bist du auf dem Weg nach Hause. Wieviel kannst du deiner Mutter berichten! Ist das etwa keine Geschichte?"

Von den Häusern

Eines Tages wollte der Knirps wissen, was die Menschen in seiner Stadt so machen. Er war schon immer sehr neugierig gewesen. Der Knirps zog sich seine Schuhe an und ging auf die Straße.
„Guten Tag!" sagte er zu den Häusern rechts und links.
Die Häuser antworteten nicht, aber sie schauten den Knirps mit ihren vielen

blinkenden Fenstern an. Wie aus hundert Augen.

‚Das ist lustig', dachte der Knirps. ‚Wie gut, daß die Häuser Fenster haben. Sonst könnte niemand hinausgucken. Das wäre aber ganz schön langweilig.

Und furchtbar dunkel.'

Vom Leder und von vielen Tieren

Nun kam der Knirps zu einem schmalen, großen Haus. Ein paar Stufen führten zu einer Tür hinab. Was war wohl dahinter zu sehen?
Der Knirps kletterte hinunter und machte die Tür auf.
Er kam in einen Raum, in dem es scharf und würzig duftete. Überall lag braunes und schwarzes Zeug herum. Viele Stücke waren zusammengerollt. Viele waren lustig ausgeschnitten, rund oder gezackt.
Ein alter Mann saß auf einem Hocker. Er bückte sich. Er suchte auf dem Boden nach einem Stück von dem weichen Material. Das zog er über eine Form, die fast so aussah wie ein Fuß.

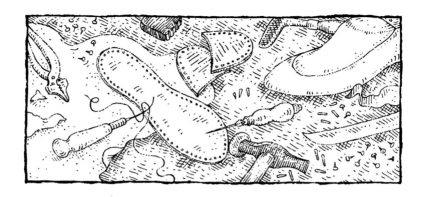

Dann nahm er einen langen Faden und nähte. Aber was?
Später trieb er mit einem kleinen Hammer viele helle Nägel aus Holz ganz dicht nebeneinander. Aber wo hinein?
Der Knirps wußte es schon. In eine Schuhsohle.
„Du bist ein Schuster und machst Schuhe", sagte er.
Der alte Mann nickte.
„Aber woraus?" fragte der Knirps.
„Na, aus Leder."

„Und was ist das?" fragte der Knirps.
„Leder macht man aus der Haut der Tiere. Und aus ihr mache ich die zweite Haut für deine Füße. Es gibt Leder von Schafen, die in großen Herden zusammenleben. Es gibt Leder von Ziegen, die kleine Hörner tragen. Ja, es gibt sogar Leder von Schlangen und von Krokodilen."
„Igitt!" rief der Knirps. „Nur gut, daß mich meine Schuhe nicht beißen. Da stelle ich mir schon lieber vor, daß sie muhen, blöken und meckern wie die Rinder, Schafe und Ziegen.

Ha! Das gäbe einen hübschen Lärm in der Schulklasse – von all den vielen Schuhen von all den vielen Kindern – unter den Bänken."
„Zum Lärmmachen braucht ihr doch wahrhaftig keine Schuhe", meinte der Schuster.
Der Knirps lachte. Dann sagte er: „Schön, daß es dich gibt, Schuster. Weil jeder Schuhe braucht. Nur die Gänse gehen immer barfuß. Ich tue es auch manchmal.

Wenn es keine Schuhe gäbe, könnte ich nicht in den Schnee und auch nicht auf spitzen Steinen laufen. Oh, und dann könnte ich auch nie Ski fahren."
Der Schuster nickte. „Da hast du recht. Nur wer die richtigen Schuhe anhat, kommt dorthin, wo er hin will. Übrigens ist das auch so mit dem, was du denkst."
„Wieso denn das?"
„Das ist doch klar. Wenn du nicht die richtigen Gedanken hast, erreichst du nie, was du willst."
„Du lieber Himmel, woher weiß ich denn, ob meine Gedanken richtig sind?" fragte der Knirps. „Darüber muß ich nachdenken."
Und der Knirps ging fort.

Von Feuer, Erde, Wasser, Luft

Der Knirps kam dann an ein langgestrecktes graues Gebäude. Es lag in einem bunten Garten. Davor standen viele Schüsseln, Vasen, Krüge, Kannen und Teller. Und alle waren farbig. Das gefiel dem Knirps sehr. Schon von draußen hörte er zwei Geräusche. Ein gleichmäßiges Patschen und ein ganz leises Surren.
„Guten Tag", sagte der Knirps, als er eintrat. Drinnen standen lange Holztische, auf denen Schüsseln, Vasen, Kannen und Teller gestapelt waren. Genau wie draußen, nur waren sie hier nicht bunt, sondern grau und rötlich. Denn sie waren noch nicht fertig. Eine junge Frau saß an einer kreisrunden Scheibe. Sie hatte lustige Augen und trug einen langen, blauen Rock. Mit ihren nackten Füßen setzte sie unten ein Rad in

Bewegung. Dadurch drehte sich oben eine Scheibe. Vom Treten kam das patschende, vom Drehen das surrende Geräusch.
Und nun nahm die Frau einen dicken Klumpen grauen Matsch. Sie klatschte ihn auf die Mitte der Scheibe – hielt ihre nassen Hände daran – und wie durch Zauberei stieg eine Vase auf. Mit einem Bauch und mit einer Halskrause.
Der Knirps staunte. „Jetzt weiß ich, wer du bist", sagte er. „Du bist eine Töpferin. Gut, daß es dich gibt. Du machst so viele schöne Sachen. Und alle kann man so gut brauchen.

Toll, was man aus lehmigem Matsch alles machen kann."

„Das ist kein Matsch. Und auch kein Lehm", sagte die Töpferin, „es ist Ton. Ton und Lehm sind nicht dasselbe. Es sind zwei ganz verschiedene Brüder, deren Mutter die Erde ist."

„Und woher hast du den Ton?"

„Man gräbt ihn aus dem Boden. Aber zu allererst war der Ton im Meer und in den Seen. Früher einmal war ja unsere ganze Erde mit Wasser bedeckt. Dann sind viele

sehr winzige Steinchen auf den Grund gesunken. Das hat Tausende und aber Tausende von Jahren gedauert. Und in dieser langen Zeit sind viele der Seen und Meere verschwunden."
„Ach", sagte der Knirps. „Dann sind vielleicht mal bunte Fische über den Ton geschwommen?"
„Kann schon sein", antwortete die Töpferin. „Ich habe noch nie daran gedacht. Aber es ist hübsch, sich das vorzustellen. Weißt du, mir gefällt meine Arbeit

überhaupt. Ich brauche dazu nur die vier allerwichtigsten Dinge, ohne die wir Menschen nicht leben könnten."

„Laß mich raten", bat der Knirps. „Da ist also die Erde ..."

„Richtig. Die Erde ist der Ton. Und da ist das Wasser. Das macht den Ton geschmeidig. Und da ist die Luft. Sie trocknet die fertige Form. Und da ist das Feuer, das brennt alles hart."

„Erde, Feuer, Wasser und Luft", rief der Knirps. „Daran denkt die Kuh bestimmt nie."

„Welche Kuh?" fragte die Töpferin.

„Na, die Kuh, die mir die Milch gibt, die ich zum Frühstück trinke – aus dem Becher, den du getöpfert hast."

„Der Kuh ist das bestimmt gleichgültig", sagte die Töpferin.

„Aber mir nicht", erklärte der Knirps.

„Ich will es wissen. Das ist eben der Unterschied."
Die Töpferin lachte, und der Knirps ging.

Von Bäumen und Vögeln

Der Knirps kam dann in eine Werkstatt mit vielen großen Fenstern. Hier lag ein Stapel mit Holzbrettern neben dem anderen. Es roch ganz besonders würzig. Und der Fußboden war wie zugeschneit.
„Hier gefällt es mir sehr", sagte der Knirps.
„Mir auch", antwortete ein Mann mit einer grünen Schürze. Er führte ein Holzbrett über eine Maschine. Die Maschine sang, und aus dem einen Brett wurden zwei kleinere. Dann schob der Mann mit beiden Händen einen länglichen Kasten über eines der Bretter. Unten war ein scharfes Messer, und oben kam ein feiner Span heraus, der kringelte sich wie eine Schlange. So hobelte er das Brett glatt.
„Bist du ein Tischler?" fragte der Knirps.
„Ja", antwortete der Mann.

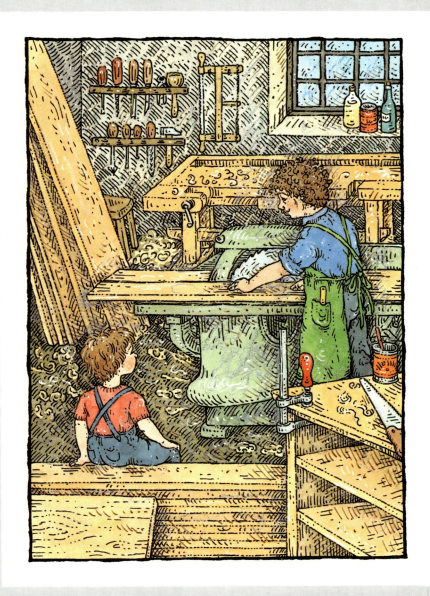

„Und das da ist eine Kreissäge – und das, was du in der Hand hast, ist ein Hobel!" sagte der Knirps. „Das weiß ich schon." „Donnerwetter!" rief der Tischler.

„Weißt du noch mehr?"
„Klar", antwortete der Knirps. „Ohne dich hätte ich keinen Tisch, um daran zu essen. Ich hätte keinen Stuhl, um darauf zu sitzen, und ich hätte kein Bett, um darin zu

schlafen. Ich hätte keinen Schrank, um meine Kleider darin aufzubewahren. – Schön, daß es dich gibt!"
„Vielen Dank", sagte der Tischler. „Man hört es gern, daß man nützlich ist."

„Und ich höre die Vögel singen", rief der Knirps.

„Erklär mir das", sagte der Tischler erstaunt.

„Na, das ist ja einfach", antwortete der Knirps. „All das Holz, das du verarbeitest, kommt doch von Bäumen ..."

„Allerdings! Es kommt von den Fichten und Kiefern mit den spitzen Nadeln; es kommt von den Eichen und Buchen mit

den grünen Blättern; es kommt vom Ahorn, von der Birke und von vielen anderen Bäumen. Die einen wachsen in den Regenwäldern der heißen Länder, andere auf Bergen, wieder andere auf weiten Wiesen im Norden, wo die Sonne im Sommer nie untergeht."

„Und in allen Bäumen sitzen Vögel, sie fliegen von Ast zu Ast, sie bauen da ihre Nester. Und sie singen. Wenn ich in meinem Bett liege und mein Ohr ans Holz

lege, kann ich sie hören. Dann höre ich auch den Wind wehen und den Regen rauschen."
„Deine Ohren möchte ich haben", brummte der Tischler.
„Vielleicht liegt es gar nicht an meinen Ohren", meinte der Knirps.
„An was dann?"
„Wenn du die richtigen Schuhe anhast, kommst du selbst drauf", sagte der Knirps.
Das konnte der Tischler natürlich noch weniger verstehen, denn er wußte ja nicht, was der Schuster gesagt hatte.
Aber der Tischler lachte.
Und der Knirps ging.

Von der Mutter und den richtigen Schuhen

Als der Knirps den Schuhmacher, die Töpferin und den Tischler besucht hatte, war er müde. ‚Jetzt will ich heim', dachte er. ‚Und das ist ganz bestimmt der richtige Gedanke. Er bringt mich dahin, wohin ich will – ohne Umwege!'
Er ging durch die Straße mit den hohen

Häusern, die ihn mit ihren vielen Fenstern anguckten.

„Wenn ihr wüßtet, was ich weiß!" rief der Knirps zu ihnen empor.

Daheim empfing ihn seine Mutter. „Na, Knirps, wo bist du gewesen?" fragte sie ihn. „Ach", sagte der Knirps. „Ich war nur mal eben bei den Rinderherden in der Prärie, bei

den Schafen und bei den Ziegen. Die sind es eigentlich, die in der Schulklasse immer den Lärm machen, und nicht wir Kinder. Danach habe ich mit Erde, Feuer, Wasser und Luft gespielt. Hast du schon gewußt, daß ich jeden Morgen Milch daraus trinke?"
„Nein", sagte die Mutter.
Sie wunderte sich kaum, denn sie kannte ihren Knirps.
„War das etwa schon alles?"
„Nicht ganz", antwortete der Knirps. „Ich war noch in den Regenwäldern der Tropen

und auf den Bergen und Wiesen im Norden, wo die Sonne im Sommer nie untergeht."
„Und was hast du da gemacht?"
„Zugehört!" rief der Knirps. „Soll ich dir sagen, was ich gehört habe?"
„Ein andermal", rief die Mutter.
„Du hast ja Zeit."
„Das denkst du", sagte der Knirps. „Ein andermal hab ich schon wieder ganz was anderes zu erzählen. Ich glaube, du weißt gar nicht, wieviel man . . ."
Der Knirps wollte schon wieder von den richtigen Schuhen erzählen, die man anhaben muß, und von den richtigen Gedanken, aber da fiel ihm die Mutter ins Wort: „Wenn man so neugierig ist wie du."
Diesmal war es der Knirps, der lachte.

Inhalt

Der Anfang	3
Von der Sonne	4
Von der Laterne	8
Vom Mond	10
Von der Lampe	13
Vom Regen	15
Von der Pfütze	18
Vom See	20
Vom Fluß	23
Vom Meer	26
Vom Acker	30
Von der Luft	34
Von der Straße	37
Von den Häusern	40
Vom Leder und von vielen Tieren ...	42
Von Feuer, Erde, Wasser, Luft	49
Von Bäumen und Vögeln	56
Von der Mutter und den richtigen Schuhen	65